LA CHÂSSE
DE SAINT CORMORAN.

LA CHÂSSE

De Saint Cormoran.

Esquisse de mœurs populaires au XVIe siècle,

PAR A. BONNARDOT.

Paris,
IMPRIMERIE DE GUIRAUDET ET JOUAUST,
RUE SAINT-HONORÉ, 315
1848

Cette composition, qu'il est permis de nommer historique puisqu'elle repose sur des détails empruntés à la couleur locale du règne de François Ier, fait partie d'un recueil qui paraîtra peut-être un jour sous le titre de : *Fantaisies multicolores*.

Les soixante-dix exemplaires de cet opuscule sont destinés pour la plupart à des amis, de qui l'auteur sollicite sincèrement des conseils. Il en profitera pour rendre la réimpression, si elle a jamais lieu, digne d'une plus grande publicité.

A. B.

I. — LA BALLE DE FER.

Vers le milieu du seizième siècle, le calvinisme, agité de ses premiers accès de fièvre, jetait parmi les dogmes catholiques les protestations et l'anarchie. La rébellion morale était vive; la répression matérielle, formidable. De 1535 à 1548 on exila, on livra aux supplices, des milliers de protestants, à la satisfaction du peuple qui, alors, à l'inverse d'aujourd'hui, s'ameutait pour seconder le roi et le clergé.

Cependant les arrestations ne s'opéraient pas toujours sans résistance de la part des amis ou des partisans des religionnaires persécutés. Le pavé de la *bonne ville de Paris* ruissela quelquefois du sang des deux factions; plus d'un *aboyeur* fanatique tomba pour ne plus se relever; plus d'un archer du roi paya de sa vie sa périlleuse fonction.

Une terrible émeute éclata, un jour, au quartier de l'Université; une famille entière avait été vouée au feu; la maison envahie fut défendue vigoureusement.

Le bruit de l'arquebusade attirait de tous côtés une foule innombrable. Les uns accouraient pour jouer un rôle, les autres pour assister à une scène lugubre. Le peuple parisien, toujours avide d'émotions, n'avait pas alors la ressource du mélodrame; mais si le tragique manquait au théâtre, il se retrouvait, en réalité, au milieu des étroits carrefours, avec son dénouement sinistre.

Or, ce jour-là, un innocent savetier avait traversé les deux bras de la Seine pour se donner la distraction d'un spectacle gratuit. Il s'agissait d'entendre, de près, siffler les balles catholiques croisées par celles plus rares d'une poignée de calvinistes enragés, qui faisaient fi de la calotte, de la corde et du fagot.

Comme l'affaire s'échauffait un peu trop, Pierre Bagoulet jugea prudent de se retrancher derrière un contre-fort de l'église Saint-Séverin, et il allait trouver un abri, quand un projectile de fer, se ruant, au hasard, d'une des arquebuses de Sa Majesté très chrétienne, vint s'engloutir dans la jambe gauche du malencontreux coureur d'émeutes. La visite fut si brutale, qu'il roula sur le pavé fangeux, maudissant de toute son âme les armes à feu, les sectes religieuses et sa fatale curiosité.

Une heure après sa chute, que suivirent d'inutiles lamentations (la charité chrétienne avait bien d'autres soucis ce jour-là!), il s'était évanoui. Comme on ramassait les morts en masse, deux portefaix l'aperçurent.

— Encore un chien d'hérétique! s'écria l'un d'eux; et, le saisissant à pleine brassée, il se mit en devoir de le dépouiller, tout en l'insultant de grossiers quolibets.

Cependant, ce qu'ils nommaient leur mort s'avisa de se signer avec ferveur et demanda à boire d'une voix éteinte. Les portefaix s'arrêtèrent tout ébahis, et comme la brutalité n'exclut pas la bonté du cœur, ils lui cherchèrent un peu d'eau, puis l'étendirent avec précaution sur une civière, et se mirent en marche vers l'Hôtel-Dieu, sorte de gouffre infect où, en dépit des soins pieux du roi Louis IX, un malade, à l'époque dont il s'agit, était à peu près aussi sûr de rencontrer la mort qu'au bout des chaînes sinistres de Montfaucon.

Dès qu'il vit leur dessein, il les supplia de le conduire à son gîte. C'était une échoppe d'assez bonne mine, enjolivée même de plusieurs figurines de bois passablement obscènes, et destinées, dans le principe, à parer la chapelle d'un couvent de béguines. Elle était accolée au flanc septentrional de l'église Saint-Merri, non loin de l'édifice affecté, en 1564, au tribunal de commerce, et, en 1836, effacé du sol parisien.

Au milieu de ses souffrances, le pauvre diable s'était rappelé qu'il trouverait là ses fils, deux bateliers *en amont de la Seine,* bourrus mais dévoués, qui feraient tout leur possible pour soustraire sa jambe à la scie impitoyable d'un chirurgien, et son âme aux chances douteuses du paradis.

L'Angelus sonnait au moment où il franchit le seuil de l'échoppe qu'il avait, le matin, quittée si sain de tous ses membres. Ses fils l'attendaient avec un peu d'anxiété et beaucoup d'impatience, car ils lui tenaient en réserve le récit de la mort de six hérétiques, dont ils avaient vu le bûcher et savouré le supplice au premier rang. Mais, à l'aspect de sa jambe ensanglantée et de son visage livide, ils devinèrent la cause de ce funeste retard. Ce fut avec une affliction profonde qu'ils déposèrent le vieillard sur un grabat composé d'une paillasse maigre, affaissée, digne, en bonne conscience, d'alimenter le prochain feu de la Saint-Jean. Puis, plongeant la main dans les poches encore neuves de leurs vieilles braies, ils en tirèrent le peu de métal qui s'y trouva et l'offrirent aux porteurs. Mais les deux hommes refusèrent d'aussi bon cœur qu'ils eussent accepté d'une main riche : ils se comprenaient ces pauvres gens du peuple !

Une fois seuls au chevet de leur père, les bateliers étirèrent les plis et les replis de leur mémoire pour en extraire quelques remèdes efficaces ; puis ils en vinrent à la pratique, autrement dit, épuisèrent sur le mal toutes les recettes de bonnes femmes les mieux accréditées. La plupart avaient pour base tel ou tel onguent mêlé à toutes sortes de liquides, quelquefois (j'ose à peine le dire !) à de l'urine de premier communiant précieusement conservée en un vase de grès (1). L'action de ces remèdes

(1) Ces recettes médico-sacrées paraîtront peut-être invraisemblables à quelques lecteurs ; elles sont pourtant dans l'esprit de l'époque. Il suffira, pour s'en convaincre, de parcourir les livres pharmaceutiques de ce temps. Certains villages bas bretons ont conservé des recettes semblables.

devait être efficacement secondée par de fréquentes applications sur la plaie d'une petite médaille de laiton, ornée, d'un côté, de l'effigie du dernier pape, et, au revers, d'un portrait en pied de saint Crépin.

Le malade, en proie à toutes les drogues superstitieuses de son siècle, en souffrait mille morts. Rien n'opérait, sinon en sens inverse, circonstance d'autant plus inouïe que le mur mitoyen de l'église, béni dans toute son épaisseur, devait nécessairement laisser transpirer dans le voisinage une partie de son influence salutaire. Du moins c'est ce que pensait, pour s'encourager, le pauvre blessé; c'était même là un des motifs qui lui avaient fait préférer son grabat à l'hôpital.

Cependant la balle inexorable, toujours logée dans les muscles du patient, détermina sur les parties voisines une vive inflammation, et le mal ne fit qu'empirer, tenant bon contre toutes les panacées les plus en vogue.

Il ne restait donc plus, soyons justes, à nos

bons enfants de bateliers qu'un remède, l'ancre de miséricorde dans les cas désespérés, le secours qu'on n'invoque qu'à la dernière des dernières extrémités.

Vous croyez sans doute que je veux parler d'un chirurgien ; détrompez-vous, il s'agit d'un sorcier, qu'ils résolurent d'aller consulter avant les premiers bourdonnements du couvre-feu.

II. — LE SORCIER.

Le nécromancien dont les oracles allaient désigner l'emplâtre de dernière épreuve n'était pas un être des plus aimables à voir. Sa science, sa dégoûtante retraite, sa personne mal cultivée, tout cela formait une trinité monstrueuse. A voir le seuil de sa porte, on devinait à l'instant sa dégaîne, sa figure, sa religion. Ce sorcier, usurier, alchimiste, médecin, astrologue (à votre choix), avait élu domicile au sommet d'une véritable échelle de Jacob ; c'était bien l'escalier le plus raide, le plus sale, qui jamais eût serpenté entre quatre murailles noires d'infection et d'obscurité. Les fenêtres délabrées, loin de laisser percer la lumière, étaient devenues si opaques sous une croûte de toiles d'araignée et de poussière du temps de Charles VIII, que le faible jour admis à visiter la rampe inégale et visqueuse devait son passage à l'absence de quelques vitres, lacunes étroites et rares fréquentées de tous les chats du voisinage.

C'était là le bon siècle pour les chats ! si nous exceptons le feu de joie de la place de Grève, où ils figuraient dans un sac au nombre de douze, je ne sache pas un meilleur temps pour l'espèce féline. Souris, greniers, lucarnes, réduits obscurs, ruelles sombres, tout était à discrétion !..... Mais ne nous laissons pas entraîner : il s'agissait d'un juif.

La haute et vieille maison que desservait cet escalier vermoulu saillait à ventre-plein sur la fange éternelle de la rue des Hauts-Moulins, en la Cité. Notre époque a lu tant de descriptions d'ateliers de sorcellerie, que je vous ferai grâce d'une nouvelle épreuve.

Figurez-vous, à votre manière, une sorte de ménage établi entre un homme et le diable, tous deux porteurs de faces si rébarbatives, qu'on les regardait volontiers comme deux êtres identiques ! Énumérez quelques carcasses humaines pirouettant au croc d'une large cheminée, des fioles plus ou moins grotesques; des morceaux de cordes de pendus branlantes ça et là, pendues elles-mêmes aux solives parmi des tubes de verre de forme bizarre, etc.; éclairez tout cela d'un jour sinistre. Pour moi je me hâte d'arriver au récit de cette consultation étrange.

Nos braves amis, à force de tâtonner, finirent par heurter la porte du juif, qui parut enchanté de leur visite, à la manière de l'araignée quand elle sent qu'une mouche vient d'ébranler sa toile. Il leur fit enjamber des monceaux de bouquins et de pots fêlés, puis, les ayant fait asseoir sur un vieux bahut, il les laissa commencer la conversation. Pour réplique, il exigea le fond de leur bourse, c'est-à-dire 2 ou 3 sous parisis, à titre de premier àcompte, et leur promit d'aller voir le malade à l'heure solennelle de minuit; puis il leur enseigna le moyen de sortir, sans accident, de son antre malsain et dégoûtant, même pour les hôtes d'une échoppe.

Ses clients le quittèrent pleins d'assurance et se figurant déjà, bien qu'il n'eût été nullement question du remède, voir leur père sourire, se lever comme le boiteux de l'Evangile et colporter son grabat en signe de triomphe. Un avide héritier à qui l'œil du médecin annonce le décès positif d'un oncle millionnaire a l'âme moins épanouie que celle de nos bateliers, au moment où, laissant derrière eux le quatre-vingt-unième échelon de l'escalier, ils apparurent sous l'ogive de la porte, ornée de deux singes accroupis. L'air infect de la rue leur semblait frais et pur comme le premier souffle du printemps.

Notez que la croyance en la sorcellerie leur était venue ainsi tout à coup, en présence d'un malheur inopiné. La veille, à pareille heure, c'eût été pour eux une fête de voir rissoler un nécromancien au beau milieu de la place Maubert; mais aujourd'hui que la nécessité les a mis en rapport avec l'un de ces gredins, la haine était devenue respect : ils venaient de choyer un juif !

Tout empirique jeté ainsi à travers les cas désespérés s'empare, sans efforts, d'un pouvoir absolu. Celui-ci avait tout à fait fasciné ses nouvelles pratiques. L'aspect de son visage repoussant, à peine entrevu à la lueur d'une lampe fumeuse, loin de les rebuter, avait suffi pour verser à pleins flots dans leurs âmes la consolation et la confiance. Le sorcier avait détrôné le prêtre, et c'est ce que le juif souhaitait.

Ils furent bientôt de retour à l'échoppe, où ils se présentèrent tout rayonnants : mais il leur fut mal aisé de communiquer pleinement cette jubilation débordée au pauvre homme, qui, toujours souffrant, geignait étendu sur sa chétive paillasse. C'est qu'il n'avait point vu, lui, le juif de la rue des Hauts-Moulins, ni son aplomb imperturbable, ni ses bouquins poudreux !

Cependant le récit de ses fils ne laissa pas que de jeter en son imagination quelques parcelles de cet espoir immense; les élancements de sa douleur en tirèrent un peu de calme, la balle lui sembla même s'être comme un peu *ramollie*; mais ce n'était là qu'un pâle reflet d'une grande confiance, la clarté de la lune après celle du soleil. Ce qui vaut déjà mieux que les ténèbres !

III. — LA VISITE NOCTURNE.

Tous trois attendaient dans une sorte d'inquiétude mêlée d'espoir, quand l'heure de minuit bourdonna au clocher de Saint-Merri. La dernière vibration du timbre fut suivie d'un petit coup sec appliqué sur la porte par un doigt osseux et impatient : le loquet céda ; le juif parut.

Les deux bateliers, ôtant à l'aspect de cette majesté leur bonnet de laine bleue, s'inclinèrent sur le passage du maître, qui garda gravement enfoncé jusqu'aux sourcils un vieux chapeau de poil de bouc usurpant le rôle de l'hermine. Arrivé près du lit, il releva ses deux manches larges et onctueuses, avec une minutieuse précaution, de crainte d'en élargir les lucarnes nombreuses, sortes d'oasis qui formaient sur la surface de l'étoffe sale des effets d'ombre assez pittoresques. Puis il tâta le pouls du malade, à côté de l'endroit où il battait à raison de soixante-deux pulsations par minute, promena ses doigts décharnés sur les contours enflammés de la plaie, et prononça cet oracle réconfortant : « Cet homme guérira : j'en réponds sur mon *honneur !* »

Les bateliers soupirèrent de bien-aise, et le patient put assez oublier sa situation cruelle pour se persuader un instant que la balle désertait le trou qu'elle s'était creusé.

Ensuite Isaac, s'appuyant, à droite et à gauche, sur les solides épaules de ses protégés, les entraîna dans la pièce voisine, car l'échoppe était une maîtresse échoppe, divisée en deux compartiments, chacun avec porte et loquet de bois. Là, le sorcier les entretint pendant une heure, et si bas que le malade, pour se maintenir sur son séant et soutirer quelques fragments de cette confidence, se donnait une peine inouïe.

— Mes bons amis, dit le perfide descendant de Judas (méfions-nous toujours de ces mots : Mes bons amis), quand les plantes de la terre n'ont point de suc efficace pour cicatriser une plaie, surtout une plaie qu'ouvrit une balle protestante..., je le soupçonne fort, ajouta-t-il d'un air sardonique ; en ce cas, il faut demander la guérison aux remèdes diaboliques, mystiques et cabalistiques. Qu'importe le moyen, pourvu qu'on atteigne un noble but ?

Les deux frères parurent intimidés de cette élastique maxime, à en juger par le clignotement de leurs paupières et la contenance de leurs lèvres.

Remarquons ici qu'Isaac était sorcier par misère (quoiqu'il prétendît faire de l'or avec du plomb), par désœuvrement, et surtout par haine innée contre les catholiques, qui, à cette époque, tyrannisaient trop ses pareils pour ne point donner une grande valeur au plaisir des représailles. Il alliait à la ruse la superstition particulière alors à sa race ; il oubliait ses privations de toutes sortes, dès que s'offrait une occasion de faire, à la dérobée et sans se compromettre, une insulte éclatante au catholicisme, et cette bonne fortune se présentait toutes les fois que le désespoir ou la crédulité amenait à sa tannière quelque pauvre idiot. Lui soutirer quelques sous parisis ne suffisait pas à son ambition ; il était plus affamé encore de vengeance que de pain, moins avide de rencontrer un trésor qu'un bel enfant catholique, pour le crucifier, par une nuit de Noël ' au cimetière des SS. Innocents.

Il avait remarqué le trouble des chrétiens, c'est pourquoi il reprit :

— Au reste, quand il n'existe qu'un moyen, un seul, il faut l'employer ; ou bien... dites, mes garçons, tenez-vous, oui ou non, à la guérison de votre père ?

Les frères ici répondirent ensemble, s'entre-serrant les mains comme pour se consolider contre leurs craintes et s'étourdir dans un noble dévoûment :

— Eh bien soit ! nous ferons tout ce que vous ordonnerez.

IV. — UN CONSEIL DE SATAN.

— Alors donc, reprit Isaac, écoutez-moi. Vous savez qu'il y a un mois il vous est arrivé de Rome une châsse contenant les reliques du béat archevêque saint Cormoran, laquelle châsse de cuivre doré, fermée de vitres de Bohême, est encore à Saint-Merri, sur ses tréteaux de parade, au fond d'une petite chapelle du chœur..., précisément celle qui est derrière votre maisonnette.

Les deux frères écoutaient sans respirer ; le malade, absorbé dans son attention, dévorait, à travers la cloison, quelques paroles étouffées qui venaient en heurter le bois sonore.

— *Eh bien?....* firent-ils tous trois au même instant et à voix basse.

Jamais l'accent de ces deux mots n'avait mieux exprimé l'anxiété et l'attente.

— Eh bien ! mes enfants, il nous faut quelque chose que contient cette châsse.

Les chrétiens se signèrent, dominés par un vague sentiment d'effroi.

— Au reste, continua le juif, saint Cormoran n'est qu'un saint de nouvelle date, et puis, il n'y a plus de profanation du moment que le but est généreux en lui-même. J'en suis sûr : si ce vénérable chef de l'Église vivait encore, il vous livrerait lui-même ses reliques pour un pareil usage. Ah ! si votre père avait connaissance de ce pieux larcin...., alors, la circonstance étant changée, la faute ne saurait être annulée par une vertu.

Le malade, effrayé de ces derniers mots, se recoucha et s'efforça d'oublier ce qu'il venait d'entendre, croyant, de cette manière, se retirer du cercle des cas de conscience.

— Et après ? reprirent les deux seuls écouteurs survivants.

— Il nous faut le tibia gauche du saint et le petit doigt du même côté ; de plus, une hostie consacrée de la veille.

Les deux frères tressaillirent et murmurèrent le nom de Marie.

— Mais avant d'aller plus loin, mes amis, il faut nous procurer ces éléments du remède.

— Et le moyen ? Hélas ! ne pourrait-on remplacer...

— Le moyen ? fort simple ; vous allez en juger, interrompit le sorcier en souriant avec la grâce d'un homme qui se noie. Ici même, dans cette échoppe, ne fîtes-vous jamais une remarque? (en même temps il appuyait sa main sèche et blême sur un angle de la muraille qui donnait à la chambre une forme assez bizarre). Il existe, à votre insu peut-être, sur ce mur enfumé la trace d'une ancienne porte. Saisissant ici un des marteaux du bonhomme, il frappa un léger coup sur la pierre :

— Vous entendez, ici le son est plein : c'est un pilier de l'église ; mais là, tout à côté, le son est creux : ceci vient de ce qu'une porte a été condamnée, il y a bien... environ vingt-cinq ans. Je me souviens de l'avoir vue ouverte ; elle communique précisément avec la chapelle Saint-Julien. Puis vous êtes venus vous établir ici sans vous apercevoir de cette circonstance. Or, à l'endroit où fut cette porte, la cloison est faible et formée d'un plâtre si mou, que votre vénérable père n'a jamais pu y ficher un clou pour y suspendre ses formes...

— C'est juste, interrompit le couple attentif.

— Du côté de l'église, un petit confessionnal non scellé dans le mur vient d'être placé tout récemment pour masquer la porte. Il n'est pas très lourd, car les ornements en sont très délicatement évidés. Vous avez simplement à pratiquer une cavité dans le plâtre, puis à déranger un peu l'armoire de chêne, et vous voilà introduits.

Les deux frères furent terriblement émerveillés de la périlleuse recette du sorcier. Néanmoins le délit leur sembla s'atténuer par cette facilité même de communiquer avec les choses saintes. Après bien des hésitations, que le juif dissipa une à une, ils consentirent enfin à consommer le pieux attentat.

Mais quel rôle le juif allait il assigner à ces objets sacrés? Ce point inquiétait encore leur conscience, et ils demandèrent à deux reprises : « Que ferons-nous ensuite ? »

Alors Isaac, s'ouvrant tout entier, leur dit à l'oreille : « Vous prendrez l'hostie, que vous humecterez de quelques gouttes de vin consacré, et, prenant cette espèce de pâte, vous l'appliquerez sur la blessure. Bientôt votre père s'endormira : c'est ici qu'il faudra faire usage des reliques...

— Mais, dit le moins timoré des deux frères, le moyen d'ouvrir la châsse et le tabernacle?

Le sorcier tira des plis de sa robe un trousseau de petits crochets de fer (outil aussi familier aux filous d'alors qu'à ceux de nos jours): « Tenez, mes enfants, il est impossible qu'une de ces douze clefs n'ouvre point la châsse : d'ordinaire les serrures en sont simples, vu que les saints savent bien se garder eux-mêmes. Du reste, il se pourrait que celui-ci vous ouvrît sa châsse en personne... »

Les chrétiens pâlirent à cette idée; deux hommes pourtant qui, tous les jours, risquaient leur vie dans des luttes corps à corps, aux halles de Paris.

« Au surplus, vous ne risquez rien de tremper d'abord vos clefs et vos mains dans le grand bénitier. J'achève : dès que votre père sommeillera, vous introduirez sous les draps le tibia du saint, ayant bien soin qu'il touche à la plaie...

— Mais, dit l'aîné, vous nous aviez aussi parlé du petit doigt de la main gauche, ou, je crois, de la droite...

— En effet, le petit doigt de la main *gauche*, puisque... la plaie est de ce côté. Pour cette relique, je vais vous en dire l'usage. » Et il se mit à méditer.

Isaac avait parlé au hasard, par distraction, de ce chétif ossement : il fallait lui trouver un emploi. Il y avait là sa dignité à sauver. Il réserva donc un rôle à la phalange vénérable.

— Vous mêlerez cette relique au premier bouillon du malade, ou plutôt du convalescent. Elle soutiendra avec énergie l'effet du tibia, en cas qu'il y ait de cette part quelque hésitation. Demain vers midi, si vous remplissez parfaitement toutes ces conditions, votre père aura repris ses occupations ordinaires et ses joyeux refreins.

Ensuite il leur donna quelques instructions sur le moyen de cacher les traces du sacrilége et d'éloigner tout soupçon.

—Quant aux reliques, le malade une fois guéri, vous les cacherez en quelque coin secret de votre échoppe; leur présence ne saurait que porter bonheur à vous et à tous ceux qui l'habiteront par la suite. A coup sûr, grâce à l'influence d'une telle protection, il n'y aura ici, j'ose l'affirmer, ni plaie, ni fluxion, ni mal de Naples qui ne se dissolve à l'instant comme beurre au soleil.

Et le fils de Satan riait sous cape de tant d'ignobles plaisanteries. « Crédules et barbares catholiques, se disait-il, vous méritez bien qu'on vous abuse comme je fais, vous qui venez avec tant de joie nous voir grimacer sur des bûchers ! »

—Et, pour compléter le maigre salaire dont je me contente, reprit Isaac avec toute la majesté possible, vous me remettrez... une *antiquaille*, un rien, dont j'ai besoin pour mon alchimie : je veux dire cette crosse de plomb doré ornée de verroteries (il la savait d'or pur, incrustée de pierres fines), qui se trouve près de l'épaule gauche du saint; elle peut peser environ deux livres. Entendons-nous bien : sans cette petite et dernière condition, je retirerais le concours de mes *prières;* la guérison serait nulle et le blessé trépasserait dans les vingt-quatre heures. »

Cette dernière clause était au moins singulière et ressemblait à un larcin. Le juif eut à lutter encore contre plus d'un scrupule. Enfin son éloquence l'emporta. Les bateliers promirent tout, saluèrent le sorcier, et demeurèrent en proie à l'étonnement, à l'espoir et à une vague terreur qui finit par se dissiper.

V. — LA PRATIQUE APRÈS LA THÉORIE.

Les deux frères, la conscience étayée de tant de bonnes raisons et guidée avant tout par l'amour filial, se mirent à l'œuvre avec le moins de bruit possible. La faible cloison de plâtre tarda peu à céder une place assez large. Ils découvrirent le fond du confessionnal qu'ils dérangèrent au moyen d'un levier et pénétrèrent dans la chapelle.

Leur premier soin fut de tremper dans un bénitier les mains dévouées à ces pieux sacriléges et les clefs qui devaient ouvrir les serrures vénérables.

Ils commencèrent par le tabernacle, saisirent une des hosties, la déposèrent en tremblant et en priant sur le bois d'un crucifix dont ils s'étaient pourvus, et l'arrosèrent de quelques gouttes de vin consacré.

Puis ils procédèrent à l'ouverture de la châsse. Le crochet fut à peine introduit dans cette serrure confiante et docile, qu'elle céda sur-le-champ, comme s'il y avait encouragement du ciel. Séparer le tibia de la rotule, bagatelle! les ligaments n'avaient plus de consistance; le petit doigt, de son côté, ne tenait plus qu'à un fil ; il semblait, en vérité, que le saint se laissât faire.

Ils hésitèrent plus long-temps à détacher la crosse d'or de son manche d'ébène : la conscience leur révélait toujours là quelque chose de scabreux, en dehors du remède, et leur disait : C'est le salaire du juif. Mais le juif leur avait imposé cette dernière condition ; n'auraient-ils pas tout à redouter de sa vengeance ?

La crosse enlevée, ils repassèrent par la trouée, observant le plus grand silence, rapprochèrent du mur le confessionnal, comblèrent, tant bien que mal, la lacune avec les gravois, et placèrent au devant un vieux coffre de chêne, afin de dissimuler provisoirement les traces de cet audacieux travail. Une heure avait suffi pour tout mener à bonne fin.

Alors ils appliquèrent le remède ; opération satanique qui leur refroidit plus d'une fois le sang dans les veines. Ils attribuèrent l'impunité de leur crime à l'effet de l'eau bénite, sorte de bain d'Achille qui les rendait invulnérables à la colère du Ciel.

Un quart d'heure s'était à peine écoulé, et déjà l'emplâtre sacrilége était à son poste, déjà le tibia sacré reposait amicalement à côté de la jambe du pauvre homme. Le malade, épuisé de ses fatigues, paraissait alors sommeiller tant bien que mal, comme pour donner raison au perfide charlatan. De temps à autre, néanmoins, il était réveillé par de douloureux élancements, et la tumeur, loin de s'affaisser, enflait à vue d'œil, car le vin consacré, ne fit qu'aviver l'échauffement de la plaie. L'espoir soutenait seul le patient et contenait ses plaintes. Et puis, ses fils lui disaient d'un ton si naïf, d'un air si pénétré et si triomphal : « Patientez, père ! à peine aurez-vous pris votre premier repas, que la guérison sera complète. »

— Ah ça, dit tout bas le cadet à son frère, où devons-nous cacher cette crosse ?

En ce moment une tête couronnée d'une peau de bouc apparut à l'une des vitres, comme une ombre du sabbat projetée sur un reflet de la lune en son déclin. La porte s'ouvrit au noir fantôme. Le sorcier, après avoir ouï et approuvé de la tête les menus détails de l'exécution, réclama la bagatelle d'or incrustée de camées précieux et de magnifiques émeraudes. Puis il glissa sous un des plis de sa robe ce chef-d'œuvre du meilleur orfèvre de Rome, avec l'air d'aisance et d'insouciante gravité qu'on met à prendre un verre d'eau. Pour lui, la pièce en était à son dénoûment ; cette crosse était depuis un mois à Paris, et il y avait un mois qu'il la convoitait !

— Allons, mes amis, fit-il, voici bientôt venir le crépuscule : vous savez ce qu'il vous reste à faire. Je vous souhaite bonne chance !

Et il disparut à pas de loup.

Les pignons aux enseignes dorées de la *grand'chaussée Saint-Martin* reflétaient les premières lueurs du jour quand l'un des bateliers s'empara d'un poêlon de couleur brune juché sur une planche enfumée que quatre bouts de corde tenaient suspendue au plafond. Au fond du vase nageait, dans une eau trouble, un reste de choux entremêlés de morceaux de pain noir. Un briquet scintilla, et bientôt on vit, à travers les lucarnes d'un fourneau de terre, briller des charbons incandescents. Sur les trois cornes du fourneau se tenait en équilibre le susdit vase et son contenu. C'étaient les derniers liards du malheureux qui se consumaient ainsi sous la forme d'une soupe aux choux.

A ce tripotage fut ajouté le petit doigt d'un archevêque mort en Palestine depuis cinquante ans, transporté et canonisé à Rome, puis ramené de la cité des Césars à Paris, pour se brûler au fond d'une écuelle de savetier. Fasse qui voudra des réflexions philosophiques sur la destinée de cet infortuné chef de l'église ! J'ai hâte d'arriver au dénoûment de cette mystérieuse histoire. J'ajouterai que le petit ossement fut incorporé aux choux avec tant de trouble ou de précipitation, que nul ne remarqua un anneau d'or encore attaché à l'une des jointures; et nous laisserons le tout bouillir en paix, pour assister à un autre spectacle.

Il se trouva précisément que l'aurore de ce jour attendait une grande solennité catholique entraînant processions, promenades avec cierges de cire jaune, grandes *monstres* de reliquaires et de saints en bois doré. On avait à célébrer une nouvelle et importante victoire remportée la veille par *tous les catholiques* sur une cinquantaine de calvinistes déconfits en la rue de la Huchette.

C'était, il en faut convenir, une excellente occasion de tirer parti du nouveau saint. D'ailleurs, depuis un mois il ne se faisait rien à Paris sans Monseigneur saint Cormoran; on oubliait pour lui tous les autres noms du calendrier. Celui de l'archevêque était le mot d'ordre du jour, la passion actuelle des ouailles dévotes; on ne suppliait plus, on ne s'engageait plus que par la châsse de saint Cormoran. Il présidait à la mode : les toques, les coiffures, les chaussures de cour, tout se parait du nom vénéré.

Dès l'aube du jour le chapitre de Saint-Merri se mit en devoir de préparer la châsse en vogue à dignement figurer parmi ses compagnes.

L'absence de l'hostie ne fut point remarquée ; on n'avait pas le temps de les compter chaque matin, non plus que le nombre prodigieux de fidèles qui se nourrissaient du pain céleste.

Mais il n'en fut pas ainsi de la châsse, qu'on se proposait de remuer ce jour-là de fond en comble.

L'état complet du cadavre, dûment constaté dans la bulle signée à Rome, prouva de suite l'absence du tibia et du petit doigt. Le rapt de la crosse d'or acheva la consternation des assistants. La palette aux vives couleurs du chantre du *Lutrin* pourrait seule vous dépeindre le monstrueux ébahissement du chapitre de Saint-Merri. Jamais bourdonnement aussi sinistre, jamais vibrations de voix aussi éclatantes, n'étaient montées des stalles du chœur aux ogives de la voûte : les figures de pierre ou de bois nichées en tous les coins semblaient tressaillir elles-mêmes au choc de tant de murmures.

On devine que le sacristain fut chargé sans délai de colporter la foudroyante nouvelle, de l'archevêché de Paris à la prévôté, et de la prévôté au palais des Tournelles. Imaginez l'effroi qu'elle dut répandre dans les seize quartiers de de la capitale. Figurez-vous, s'il est possible, les physionomies interdites, effarées, suffoquées, de tous les représentants de l'autorité civile et ecclésiastique, troublés si brusquement au milieu d'un sommeil bien légitime, le lendemain d'une émeute, et dans l'attente d'une journée de représentation, de processions et de gloire !

VI. — LE CHIRURGIEN.

Revenons à l'échoppe.

La soupe, le brouet, si vous l'aimez mieux, une fois mitonné, l'un des frères en prit une cuillerée le plus près possible de la relique efficace, accompagnant le geste d'un *Ave*, et approcha le mets satanique des lèvres du malade, qui se fit peu prier : au point où en était le mal, l'espoir de guérir lui eût fait avaler des charbons ardents.

En ce moment un homme se présenta sur le seuil de l'échoppe. C'était un certain Claude Lannyot, un chirurgien trop pauvre, je vous l'atteste, pour être celui dont Sa Majesté François courait déjà la chance d'avoir besoin. Aussi habile que son siècle l'avait pu faire, Claude tenait son talent caché sous une étoffe de laine fort commune. Trop modeste pour jamais aspirer à trancher un bras de cardinal ou n'importe quel membre d'un personnage haut placé en cour, il était assez voisin du fond de sa bourse pour y regarder à deux fois avant de se séparer de ses vieilles bottines : aussi les faisait il ressemeler dès qu'il devenait urgent d'en disputer les lambeaux aux fétides boues de Paris. Or, depuis dix à douze ans le médecin de sa chaussure (comme il disait), c'était Pierre Bagoulet, notre malheureux savetier.

A son entrée dans le bouge, une odeur de roussi le saisit à la gorge, et ce fut au travers d'un nuage de fumée qu'il chercha des yeux ses chères bottines. Elles lui apparurent enfin suspendues en un coin de l'échoppe, au dessus du grabat où gémissait une figure blême, étirée par la souffrance et surtout par ses efforts à la contenir. Il reconnut avec peine le pauvre artisan, le réparateur habituel de ses moules à jambes.

— Qu'est-il arrivé à ce pauvre Pierre? dit-il.

Pierre eut à peine reconnu sa pratique, qu'il implora tout aussitôt son assistance; il se rappela que la chirurgie aussi a ses ressources, et fut effrayé, par instinct, de ne l'avoir pas, avant tout, consultée. En cet instant, il oublia les reliques et le juif de malédiction.

Le chirurgien se mit au courant du funeste accident, puis examina la plaie, qui lui parut fort grave, à en juger par les plis sinistres qui se formèrent autour de ses yeux, trop habiles observateurs du mal.

— Qu'est cette drogue? dit-il aux bateliers, et il jeta avec dédain l'emplâtre sacré, à la grande terreur des deux frères, qui, s'agenouillant, se mirent à prier.

Puis, tournant ses regards vers l'écuelle, il entrevit, au fond, quelque chose de brillant comme de l'or. Il hésitait à en croire ses yeux et allait interroger ces deux nigauds, quand sa main heurta le compagnon de lit du malade. Il l'examina : c'était un os humain d'une teinte verdâtre et d'où s'exhalait une odeur de baume et de myrrhe.

A cette vue, le chirurgien, se rappelant vaguement la nouvelle d'un récent sacrilège, resta comme figé dans une stupeur singulière. A son air égaré on eût dit qu'il méditait un projet mystérieux, une opération cabalistique... Les deux frères, toujours agenouillés, le contemplaient fixement, les mains jointes, la bouche entr'ouverte.

En ce moment un grand bruit retentissait au dehors; les vitres de l'échoppe en frémirent. *Tout le populaire de la bonne ville de Paris était en émoi.*

Les grandes nouvelles se propagent avec la vitesse du son. Presqu'au même instant le clergé, le peuple, l'université, la noblesse, la basoche, furent au courant de l'indigne sacrilége. Tout le monde fut atterré. Les bonnes-femmes attribuèrent à Belzébut ce rapt inouï; le clergé, à ces forcenés de calvinistes; la justice du roi, à des échappés du Grand-Châtelet.

Ce fut par toute la ville un tumulte tel, que notre révolution de 89 peut à peine se vanter d'avoir soulevé pareille effervescence. Le roi, oubliant les cotillons de sa cour, mit toute sa police sur pied, tous ses arquebusiers l'arme au bras, et promit de venir *en personne*, armé d'un cierge *du poids de six livres*, et tête nue, visiter les traces de l'horrible profanation. Puis il fut donné ordre par la ville, à son de trompe, de faire une battue générale, de remuer la fange des ruelles et carrefours, de fouiller dans un vaste rayon autour de l'église victime d'un pareil viol, enfin d'arrêter provisoirement et de renfermer à la Bastille ou ailleurs six ou sept cents personnes enveloppées dans un soupçon général.

Mais nul ne pensait au pauvre savetier, encore moins à ses souffrances, et à l'humble toit couvert de mousse sous lequel le grand acte s'était consommé.

Ainsi ce bruit lugubre, parti de la rue Saint-Martin, avait ricoché de maison en maison, et, mille fois plus formidable, venait, comme un écho des Alpes, rebondir à sa source. Une tempête de voix humaines, un ouragan de peuple en alarmes, avait assailli le porche de l'église profanée.

Si depuis huit jours les agents de la police séchaient sur pied pour prévenir les troubles religieux, qu'on juge de leur surcroît de vigilance et de besogne après un pareil attentat! Les limiers du prévôt tenaient en arrêt tout Paris.

A cette époque de fermentation, tout homme utile à la société par ses études scientifiques encourait, par sa réputation même, l'accusation d'hérésie ou de sorcellerie, et la chance de mesurer de près les seize piliers de la grande justice.

Claude Lannyot était un homme bon, simple, sans détours; assez expérimenté, à son avis, pour se dispenser de donner du relief à son savoir au moyen d'une dévotion exagérée. Parti à la suite de l'armée française en Italie, il avait contribué, en sa qualité d'aide, à l'amputation de quelques centaines de bras et de jambes. A cette école, il avait, pour corroborer ses études théoriques, recueilli une foule de faits bien positifs, en un mot acquis assez de pratique pour défier, au besoin, les plus habiles chirurgiens de la cour. Mais, loin de regarder la bigoterie et l'intrigue comme des ingrédients indispensables pour se compléter une renommée de talent et de droiture, il était moins religieux en son maintien qu'en sa conscience. Il priait, il adorait Dieu du fond de l'âme; il vénérait le culte et ses ministres; mais, peu soucieux des formes, il eût pris volontiers l'eau bénite de la main gauche. En un mot, il s'était déclaré l'ennemi juré des hypocrites. De là ses bottines rapiécées, de là la méfiance dont il était l'objet.

L'année précédente, il assistait à l'arrestation d'un jeune écolier qui, dans un moment de fièvre chaude, avait arraché le Saint-Ciboire au prêtre officiant à Saint-Eustache. Chacun de s'écrier : — Un sacrilége! un hérétique! le bûcher! Lannyot lui tâta gravement le pouls : — Un insensé, mes amis! l'hôpital!

Cette intervention sublime pour l'époque le fit inscrire sur la liste des suspects, et ne sauva pas l'infortuné.

Or, ce jour-là, on avait attaché trois espions aux pas du pauvre chirurgien.

Ses argus, l'ayant vu passer tranquillement sous l'auvent de l'échoppe, se mirent à l'observer à travers les vitres. Peu à peu, ils discernèrent la figure have du malade, puis une écuelle qui fumait au dessus d'un fourneau. C'était déjà belle matière à soupçons que cet homme livide comme le spectre d'une âme en peine, que ce vase couronné d'un nuage de vapeurs! Mais le moment où se passa la scène muette de ces trois hommes effarés, s'entre-regardant sans se comprendre, fut bien autrement décisif. Que pouvait-on supposer, sinon un trio de sorciers conjurant le diable? C'était l'instant d'agir : ils s'élancèrent.

Mais l'aspect imposant des larges épaules des bateliers, qui s'étaient levés à cette brusque visite, refroidit subitement leurs bonnes dispositions. L'un des trois, s'esquivant avec adresse, courut chercher du renfort.

Cependant, les deux espions, tremblants sous leur peau, jugèrent prudent de faire voix de miel et patte de velours.

— Salut! mes respectables *bourgeois*. Ne vous formalisez pas si nous venons vous interroger, en forme de... renseignements. C'est une mesure générale, un avis tout paternel de M. le prévôt de Paris, etc...

Mais à peine se virent-ils en nombre qu'ils montrèrent la couleur de leurs dents, et firent brusquement main basse sur les trois hommes, le malade et le fourneau de terre.

— Halte-là! mes bons amis, de par Sa Majesté Catholique! Quelle cuisine faisiez-vous céans, mes chers *mignons du roi Satanas?*

Puis ils fouillèrent et bouleversèrent toute la barraque. L'un découvrit le trou mal dissimulé; l'autre repêcha au fond du vase l'anneau de Monseigneur saint Cormoran; un troisième retourna entre ses doigts une sorte de morceau de bois vermoulu...: c'était le tibia de Monseigneur saint Cormoran !

Horreur des horreurs! horripilation!! Il se fit en cette échoppe plus de vingt signes de croix (la police alors se signait). Neuf vigoureux gaillards s'emparèrent de ces trois hommes; six autres restèrent pour garder le malade et les corps du délit.

VII. — LE BUCHER.

A l'aspect de tout cet appareil de justice dirigé contre une échoppe, une nouvelle secousse, comme celle d'un volcan, avait ébranlé la bruyante cohue du dehors. La chétive maisonnette, envahie par ces flots de lave ardente, faillit craquer et s'écrouler. Tous ignoraient encore la scène qui s'était passée, et déjà les cris d'impatience, de malédiction, de fanatisme, se croisaient en tous sens.

Qu'on juge des trépignements de la foule à la sortie des prisonniers!

— Des hérétiques! des sacriléges! écharpons-les!

Ces mots formidables, *hérétiques* et *sacriléges*, roulèrent de pignon en pignon, du pont Notre-Dame au faubourg Saint-Laurent. La nouvelle de cette capture avait fait le tour de la ville avant l'arrivée au Grand-Châtelet des trois victimes, qu'arrêtaient à chaque pas de nouvelles recrues vociférantes, serrées, impénétrables.

Pendant ce temps, le clergé de Saint-Merri venait en grande pompe recueillir les débris des reliques profanées.

— Et que devint le pauvre malade ?

Une inspiration de pitié conseilla à l'un de ces prêtres consternés de le faire garder à vue jusqu'au soir, afin qu'on pût le transporter, à l'aise, en un lieu sûr, en attendant la preuve de son innocence ou de sa culpabilité. Mais le peuple avait guetté sa proie ; il savait qu'une victime restait ; il la réclamait avec des yeux ardents de férocité. Force fut aux archers, après le départ de l'ecclésiastique, de faire enlever le vieillard ; il fut transporté de son lit sur une civière. Mais en vain l'escorte tenta de se frayer un passage au milieu de cette foule égarée : un des plus exaltés arracha le lambeau de tapisserie qui dérobait à tous une face pleine de souffrances. L'aspect de la blessure, loin d'inspirer un sentiment de charité ou au moins de respect humain, ne fit qu'aviver la colère publique.

— Voyez le cagot! la balle qui l'a frappé s'est trompée de route : elle devait aller au cœur !

— Non pas! elle a mieux fait Pasque-Dieu! elle a voulu lui réserver le fagot!

La rage allait croissant. La civière, culbutée, bondit sur le pavé; les tigres se précipitèrent, mais leur attente fut déçue : le corps n'était plus qu'un cadavre! Le malheureux avait succombé à l'effroi ou à la souffrance. Alors s'élevèrent d'autres cris forcenés :

— Noël! Noël! le Ciel lui-même vient de faire justice du coupable et de lui refuser le bienfait de la confession : il est mort frappé d'un coup de foudre, voyez! Quant aux trois autres, à vous, messieurs de la prévôté! Holà! hé! le bourreau! l'ermite au capuchon rouge! arrive avec tes valets! soufflez le feu sous la chaudière du marché aux pourceaux! faites-nous-les hurler sur la haute gamme! tenaillez, écartelez, échaudez à triple bouillon ! C'est de la chair d'hérétique ! — de la chair d'hérétique !

En moins de cinq minutes le corps du vieillard fut écharpé en dix mille lambeaux sanglants et boueux. Pour son âme... elle prit son essor vers un monde plus calme et plus fortuné.

Les bateliers et le chirurgien furent jetés isolément au fond des cachots. Au moment où ils passaient, au milieu des vociférations de cette farouche populace, les deux frères avaient entrevu un pénitent noir qui, les abordant, grâce à l'habit vénéré, leur dit bien bas :

— Courage ! espoir ! vous serez tous délivrés ; mais pas un mot du juif !

Cette voix, c'était celle d'un complice du sorcier. Claude Lannyot lui-même parut tout reconforté ; il crut qu'un mouvement énergique se préparait en leur faveur, de la part des calvinistes.

Le jour suivant, grande séance au Châtelet, où les trois accusés comparurent.

Le chirurgien fit d'inutiles efforts pour expliquer sa présence à l'échoppe et sa propre surprise : il avait contre lui l'apparence, sa profession et des soupçons antérieurs d'hérésie. En vain même les braves jeunes gens, en s'avouant seuls coupables, crurent assurer la preuve de son innocence : on n'écouta rien. Bien plus, la torture arracha à cette âme découragée une sorte d'aveu.

Quant aux deux frères, ils alléguaient pour excuse le trouble où les souffrances d'un père chéri les avait jetés ; ils crurent s'abriter derrière cette maxime, prêchée un siècle plus tard par les élèves de Loyola : « La fin excuse les moyens. » Mais on leur ferma la bouche. D'ailleurs le vol de la crosse ne pouvait s'expliquer ainsi.

Ils pensaient bien à dénoncer le juif ; mais la superstition, mais l'amour filial leur interdisait ce moyen de justification. Au milieu des tortures, une voix leur disait toujours :

— Si vous parlez du juif, votre père mourra !

Et ils se turent. Dieu ou le sorcier les délaisseront-ils à l'heure suprême ?

En ce moment de fièvre universelle, le tribunal devait partager les préventions et l'aveuglement de tous. D'ailleurs le crime était patent. Onze juges siégeaient dans l'enceinte lugubre ; onze voix prononcèrent un triple arrêt de mort dont les derniers mots étaient : « *ils seront ars à petit feu.* » Le sceau royal confirma bientôt ce jugement terrible. Il n'y eut aucun adoucissement pour personne, pas même la grâce d'être étranglé après la première impression des flammes.

Le rôle désormais était au confesseur et au bourreau.

Vers deux heures après midi, les trois victimes, assistées de trois dominicains, firent partie, en chemise et pieds nus, d'une procession solennelle qui, le roi en tête, et toutes les reliques de Paris au centre, se déroula du Louvre aux Tournelles pour se replier sur Saint-Jean-en-Grève, et de là sur l'église Saint-

Merri, où fut faite une amende honorable, devant le grand portail.

La vive foi des bateliers en une délivrance surnaturelle eut le temps de chanceler plus d'une fois ; mais aussi, plus d'une fois l'apparition mystérieuse du pénitent noir (dont les yeux seuls apparaissaient flamboyants à travers l'étoffe sinistre) les rappela au courage et à l'espérance.

Ils montèrent avec fermeté les degrés de l'échelle fatale, toujours se croyant à deux secondes d'un miracle. La corde s'enroula autour de leurs cous, la flamme pétilla, et une voix leur tintait encore aux oreilles :

— Courage ! c'est une épreuve ! courage ! La flamme va s'éteindre ; la Vierge va vous apparaître, vous sourire, vous tendre la main !

Les trois victimes subirent l'affreux supplice sans proférer une parole.

Quelle sorte d'énergie soutint l'infortuné chirurgien ? — Quelles pensées purent aider ces fils coupables par un sublime dévoûment, au milieu des ardeurs de la combustion ?

Dieu seul l'a su. Les hommes ne surent qu'une chose..., c'est qu'à cinq heures et un quart tous trois n'étaient plus qu'un peu de cendre que le vent du nord dispersa.

Ce jour-là même, le juif était sur la route de la Flandre, où il vécut dix ans de sa crosse d'or réduite en lingots.

FIN.

Imprim. de Guiraudet et Jouaust, rue S.-Honoré, 315.

www.ingramcontent.com/pod-product-compliance
Lightning Source LLC
LaVergne TN
LVHW021702080426
835510LV00011B/1540